Saludos desde los ESTADOS UNIDOS

Postales de Mario y Marta

Geograf a de los EE.UU.
FLYING RHINOCEROS

RAY NELSON, JR
y
DOUGLAS KELLY

Para Theresa y Victoria

Acerca de los libros de Flying Rhinoceros

Los libros de Flying Rhinoceros están dedicados a la educación y el entretenimiento de los estudiantes de la escuela primaria. Flying Rhinoceros también ofrece materiales auxiliares con organización de lecciones y juegos que acompañan a todos sus libros. Para obtener más información, póngase en contacto con Flying Rhinoceros llamando al **1-800-537-4466** o **bigfan@flyingrhino.com**

Número de tarjeta en el catálogo de la biblioteca del congreso:2002100003
ISBN: 1-59168-014-X

Otros libros de Flying Rhinoceros:

El Almuerzo Raro de Eduardo Bichero (Insectos)
The Munchy Crunchy Bug Book (Insects)

Los Siete Mares en la Bañera de Bernardo (El mar y la vida marina)
The Seven Seas of Billy's Bathtub (Ocean and sea life)

El Gran Despegue de María y Sofía (El espacio exterior)
Connie & Bonnie's Birthday Blastoff (Outer space)

Dientes de Madera y Caramelos de Goma (Presidentes de los EE.UU.)
Wooden Teeth & Jelly Beans (U.S. presidents)

Las Aventuras Internas de Gustavito Barrilito (El cuerpo humano)
The Internal Adventures of Marcus Snarkis (Human body)

Un Dinosaurio se Comió Mi Tarea (Dinosaurios)
A Dinosaur Ate My Homework (Dinosaurs)

¿¡Las Musarañas No Pueden Jugar al Baloncesto!? (Autoestima)
Shrews Can't Hopo!? (Self-esteem)

La Batalla Contra el Tedio (Cómo dibujar caricaturas)
The Battle Against Boredom (How to draw cartoons)

INTRODUCCIÓN

Igual que Mario y Marta en este relato, yo también pasé mucho tiempo "persiguiendo una pelota" por todos los Estados Unidos. Antes de ser Senador, fui jugador de baloncesto durante diez años con el equipo "New York Knicks". Viajando de un estado a otro, y de un partido a otro, aprendí mucho acerca de nuestro país y además por el camino hice muchos buenos amigos.

Como senador, todavía disfruto aprendiendo acerca de gentes y lugares diferentes y me gustaría que todos los niños tuvieran esa misma oportunidad. Hace varios años, para ayudar a que más niños estudiaran geografía, establecí un programa llamado "La semana de conocimientos de geografía." Además, también patrociné un examen de geografía, que se inició en mi estado de New Jersey y desde entonces se ha convertido en una Competición Nacional de Geografía.

Estoy seguro de que vas a disfrutar leyendo Saludos desde los Estados Unidos. Cuando hayas dejado de perseguir la pelota roja, espero que los viajes de Mario y Marta te inspiren a embarcarte en tu propio viaje de aprendizaje y descubrimiento acerca de nuestro país y nuestro mundo.

ESPACIO RESERVADO PARA LA DIRECCIÓN SOLAMENTE

Bill Bradley

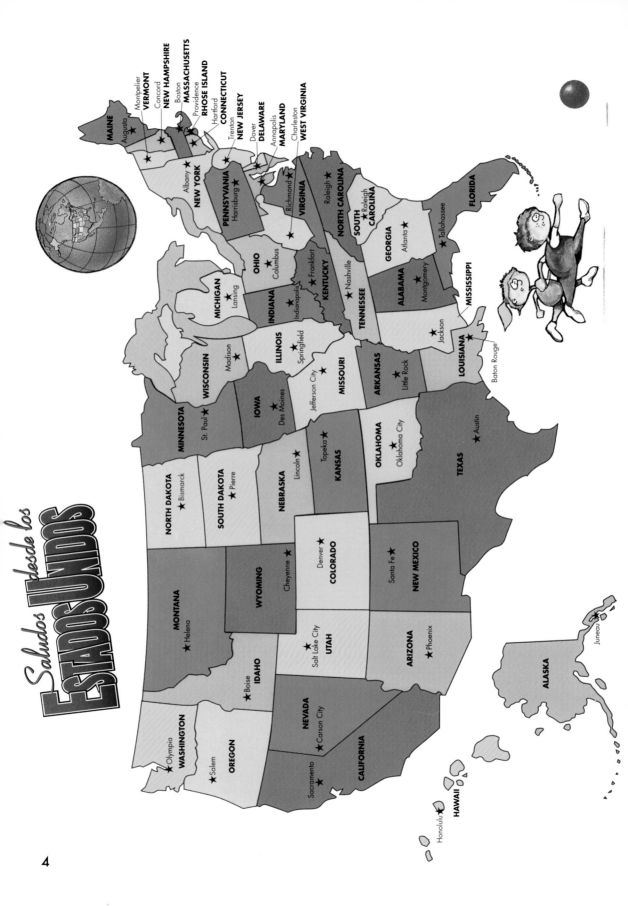

Saludos desde los Estados Unidos

En un día de otoño, radiante y con mucho sol,
Mario y Marta salieron con la pelota a jugar fútbol.
¡UYYYYYY!
Mario pateó la pelota muy alto y muy fuerte.
Marta trató de agarrarla, pero sin mucha suerte.
"Vamos a buscar la pelota, Manolito, será fácil, menos mal,
pero si nos tardamos mucho, te enviaremos una tarjeta postal."

TRIGUERO OCCIDENTAL

Querido Manolito,

Bueno, ya vamos de camino. Hoy salimos de Oregon detrás de la loca pelota roja.

Hasta ahora hemos visto playas, desiertos, valles hermosos y montañas.

La economía de Oregon depende de los bosques, y también del turismo y de la agricultura.

¡Hasta pronto!

Mario y Marta

POSTAL

Manolito Martínez
P.O. Box 19894
Portland, OR 97219

Capital del estado: Salem

MAHONÍA DE OREGON

La pelota se escapó, rodando colina abajo.
Rebotó en un castor, y se fue por un atajo.
Donde rebotó la pelota quedaron revueltos peces y bestias silvestres,
pero la pelota quedó libre y se dirigió hacia el este.

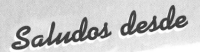

Saludos desde

Querido Manolito,

Estamos aquí en Idaho. Muchas personas visitan este estado para ir a acampar y descender en balsa por los rápidos del río. Hemos perseguido la pelota por todo el Valle del sol, que es famoso por sus pistas de esquí y lugares para nadar.

Lo que todavía no hemos descubierto es cómo consiguió Idaho su nombre. Nadie parece saberlo. ¡Te extrañamos muchísimo!

Mario

Capital del estado: Boise

POSTAL

Manolito Martínez
P.O. Box 19894
Portland, OR 97219

AZULEJO

CELINDA

A las afueras de Boise, se chocó con un camión,
produciendo un gran estruendo y llamando la atención.
El camión, descontrolado, volcó allí toda su carga,
y por la carretera quedaron las papas derramadas, a la larga.

WASHINGTON

RODODENDRO

SEATTLE

Querido Manolito,

Te escribimos esta postal desde la punta de la Aguja Espacial, que es una torre muy alta que se eleva por encima de la ciudad de Seattle. En el estado de Washington hay zonas inexploradas donde se puede encontrar la trucha arco iris, y los árboles de pinabete y rododendros. En Washington se cultivan, entre otros, los siguientes productos: madera, manzanas, arándanos, lúpulos, y frambuesas rojas.

Ni rastro de la pelota...
¡hasta pronto!

Mario

POSTAL

Manolito Martínez
P.O. Box 19894
Portland, OR 97219

Capital del estado:
Olympia

JILGUERO

Entonces, ante sus ojos, esta imagen apareció:
un pájaro muy pequeño, con su pico, la pelota recogió.
Por encima de Seattle con la brisa se elevó,
sobre la copa de los árboles el viento se lo llevó.
El jilguero se cansó de tener la pelota en su nido,
y hacia Nome la envió de un puntapié, ¡qué fornido!

ALASKA

Querido Manolito,
   Esperamos que todo vaya bien en casa.
   Te escribimos desde Alaska, que es el estado más grande de los Estados Unidos. Por si no lo sabías, el nombre Alaska es una palabra esquimal que quiere decir "gran terreno" o "contra lo que rompen las olas del mar."

Nos gusta mucho jugar en la nieve, pero te extrañamos mucho. ¡Esperamos verte pronto!

POSTAL

Mario y Marta

Capital del estado: Juneau

NOMEOLVIDES

PERDIZ BLANCA

Algunos esquimales vieron cómo se elevaba,
y en la cabeza de un gran oso polar la pelota rebotaba.
Por la tundra y hasta la bahía,
con la corriente de aire la pelota corría.

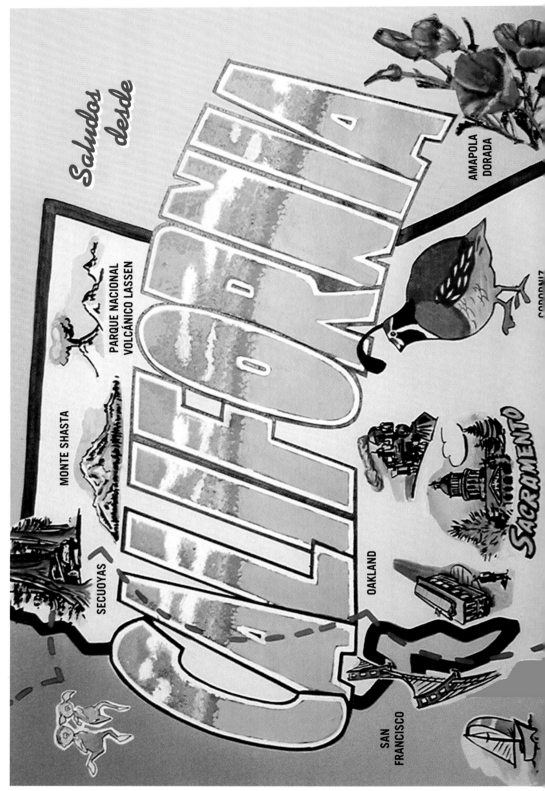

Debajo del Golden Gate Bridge la pelota flota y flota,
rodando llegó a la playa, y pasó sobre una loma muy grandota,

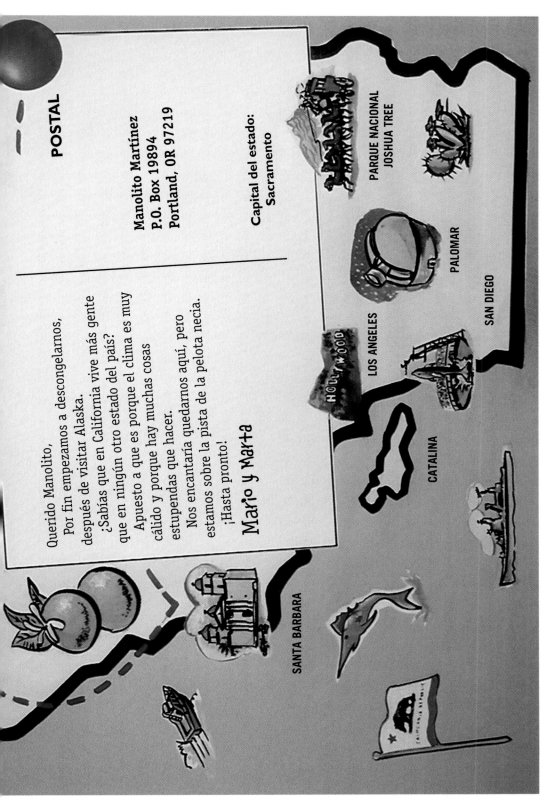

atravesó naranjales y carreteras con muchos automóviles.
Al ver a las estrellas de cine los niños se quedaron inmóviles.

Aloha desde HAWAII

¡Aloha desde Hawaii, Manolito!

¿Sabías que este estado tiene ocho islas principales?

Las islas se llaman Hawaii, Kahoolawe, Maui, Lanai, Molokai, Oahu, Kauai, y Niihau.

En Hawaii hace un tiempo estupendo. El suelo es perfecto para cultivar frutas y verduras tropicales.

¡Ya nos tenemos que ir! Tenemos que ponernos las faldas de paja para ir a nuestra clase de danza hula.

Mario

Manolito Martínez
P.O. Box 19894
Portland, OR 97219

Capital del estado:
Honolulu

GANSO HAWAIANO O NENE

HIBISCO

Con el vaivén del océano azul la pelota se mecía,
a la vez que los niños, sobre una tabla de surf, la perseguían.
El oleaje del mar la dejó junto a una palmera morada,
pero luego desapareció sin decirle a nadie nada.

Querido Manolito,

Si a Oregon se le conoce por ser el estado más lluvioso, Nevada es definitivamente el estado más seco que hemos visto. Tiene un índice promedio de precipitación de 7 pulgadas (18 cm) al año solamente.

Lo que resulta curioso es que el nombre Nevada viene de la palabra española que significa "cubierto de nieve."

El nombre de Utah viene de una palabra que significa "gente de las montañas."

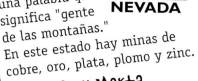

NEVADA

En este estado hay minas de cobre, oro, plata, plomo y zinc.

Mario y Marta

Capital del estado: Carson City, Nevada
Capital del estado: Salt Lake City, Utah

ARTEMISA

AZULEJO

GAVIOTA

LIRIO

UTAH

**Corriendo van por Las Vegas,
sin haber descansado,
pasaron por Carson City, Winnemucca,
y también por el Gran Lago Salado.**

Querido Manolito,

Hemos visto cosas muy interesantes en Arizona. Hemos visitado el Gran Cañón, el Bosque Petrificado, la Presa Hoover, el Lago Mead, el Fuerte Apache y el Desierto Pintado. Marta y yo te hemos comprado una especie de corbata, que es el adorno oficial del estado de Arizona y que se llama corbata bolo ("bolo tie"). El nombre Arizona viene de una palabra india "Arizonac," que significa "manantial pequeño."

Mario

POSTAL

Manolito Martínez
P.O. Box 19894
Portland, OR 97219

Capital del estado: Phoenix

CACTUS GIGANTE SAGUARO

REYEZUELO

**Llegaron a un lugar que parecía un desierto,
donde unos cactus enormes crecían al descubierto.**

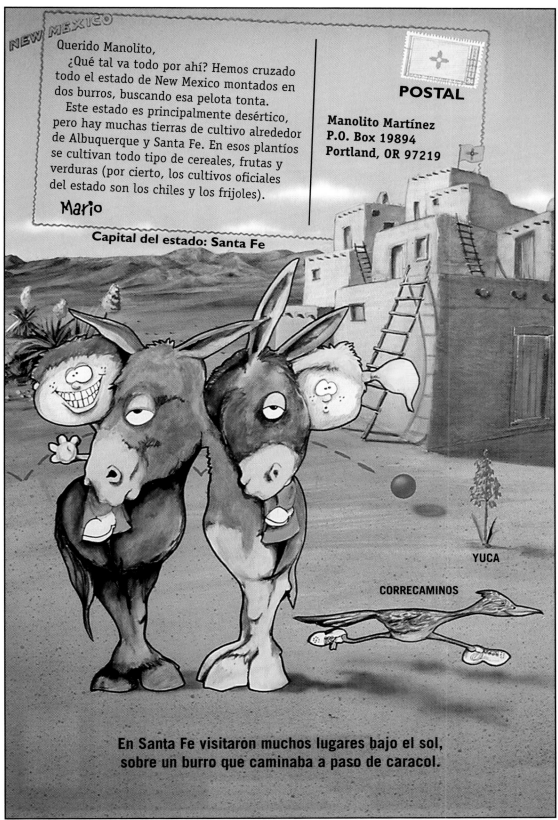

Querido Manolito,

   ¿Qué tal va todo por ahí? Hemos cruzado todo el estado de New Mexico montados en dos burros, buscando esa pelota tonta.

   Este estado es principalmente desértico, pero hay muchas tierras de cultivo alrededor de Albuquerque y Santa Fe. En esos plantíos se cultivan todo tipo de cereales, frutas y verduras (por cierto, los cultivos oficiales del estado son los chiles y los frijoles).

Mario

POSTAL

Manolito Martínez
P.O. Box 19894
Portland, OR 97219

Capital del estado: Santa Fe

YUCA

CORRECAMINOS

**En Santa Fe visitaron muchos lugares bajo el sol,
sobre un burro que caminaba a paso de caracol.**

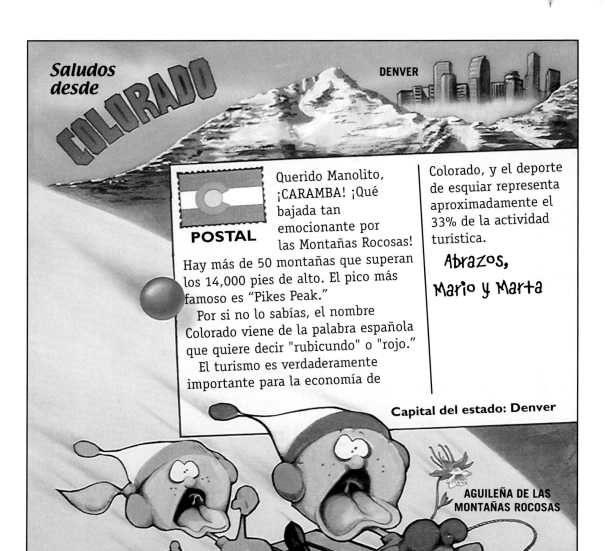

Saludos desde COLORADO

DENVER

POSTAL

Querido Manolito, ¡CARAMBA! ¡Qué bajada tan emocionante por las Montañas Rocosas!

Hay más de 50 montañas que superan los 14,000 pies de alto. El pico más famoso es "Pikes Peak."

Por si no lo sabías, el nombre Colorado viene de la palabra española que quiere decir "rubicundo" o "rojo."

El turismo es verdaderamente importante para la economía de Colorado, y el deporte de esquiar representa aproximadamente el 33% de la actividad turística.

Abrazos,
Mario y Marta

Capital del estado: Denver

AGUILEÑA DE LAS MONTAÑAS ROCOSAS

ALONDRA

Cuando la pelota brillante se dio a la fuga, se subieron en un trineo,
montaña abajo se deslizaban con un poquito de miedo.

TRIGUERO

ESCROFULARIA

VERDOLAGA

TRIGUERO

WYOMING

MONTANA

Querido Manolito,
¡Estamos hechos
polvo! Nos hemos
pasado todo el día persiguiendo
la pelota por los estados de
Montana y Wyoming. El nombre
Montana viene de una palabra del
latín que significa "montañoso".
Wyoming fue el primer estado
de la nación que le dio a las
mujeres el derecho al voto.
Además, también tuvo la primera
mujer gobernadora. La Sra. Nellie
Taylor Ross, en 1925.

Casi atrapamos la
pelota en Casper,
así es que no creo
que vayamos a
demorarnos
mucho más.

Mario

Manolito Martínez
P.O. Box 19894
Portland, OR 97219

Capital del estado: Cheyenne, Wyoming
Capital del estado: Helena, Montana

Siguieron una ruta que por Butte les llevó,
y una oveja con esquís el camino les mostró.

Querido Manolito,
¡Te escribimos desde un campo de maíz en Nebraska! El nombre Nebraska viene de una palabra de los indios Oto, y significa "agua llana." El estado formó parte de la compra de Louisiana, en 1803. Nebraska es famoso por su agricultura. Se produce una gran cantidad de maíz, centeno, trigo, ganado y cerdos. Hemos conocido a algunos cerdos muy simpáticos. Creo que te habrían gustado.

Mario y Marta

POSTAL

Manolito Martínez
P.O. Box 19894
Portland, OR 97219

Capital del estado: Lincoln

TRIGUERO

VARA DE ORO

NEBRASKA

Los niños estaban seguros, cuando al maíz habían entrado, que la caza de su pelota al fin había terminado.

Querido Manolito,

Estamos parados exactamente en el centro de los Estados Unidos de América. Los campos ondulantes de trigo se extienden hasta donde alcanza la vista. Kansas recibió su nombre de los indios Sioux y significa "gente del viento del sur."

Bueno, tenemos que irnos. Un agricultor acaba de decirnos que la pelota rebotó sobre su cosechadora esta mañana, y si nos damos prisa, quizás podamos alcanzarla.

Mario

Saludos desde KANSAS

Manolito Martínez
P.O. Box 19894
Portland, OR 97219

Capital del estado: Topeka

GIRASOL

TRIGUERO

**No sabría decirles cómo otra vez se esfumó,
pero en medio del trigal, de pronto, desapareció.**

SOUTH DAKOTA

PULSATILLA AMERICANA

MT. RUSHMORE

FAISÁN (PHASIANUS COLCHICUS)

SOUTH DAKOTA

NORTH DAKOTA

ESCARAMUGO OLOROSO

TRIGUERO

Querido Manolito,
   North Dakota es el estado más rural de los Estados Unidos. El 90% de su territorio está cubierto por tierras de cultivo. Los plantíos aquí producen todo tipo de trigo, cebada, centeno y girasoles, y muchos productos más.

   South Dakota es famoso porque allí se encuentra el Monte Rushmore. Esta es la montaña que tiene talladas las caras de los presidentes Washington, Jefferson, Lincoln y Theodore Roosevelt.
   ¡Hasta luego!

Mario y Marta

Capital del estado: Bismarck, North Dakota
Capital del estado: Pierre, South Dakota

La pelota se dejó ver en una de las zonas menos esperadas,
ante las caras de los presidentes, las cuatro petrificadas.
Por el agua, por el aire, y por las calles de Pierre,
por allí va la pelota...¡corre, corre que se va a perder!

20

CAZAMOSCAS

OKLAHOMA

ES O.K.

OKLAHOMA CITY

ÁRBOL DE JUDEA

Querido Manolito,

Casi alcanzamos la pelota aquí en Oklahoma City, pero se levantó el viento y se la llevó volando.

En 1889, cuando por primera vez se permitió en Oklahoma la cesión de tierras a los colonos para que las trabajaran, 50,000 personas vinieron a esta región para conseguir tierras. Los que trataron de hacer trampa y emprendieron el viaje antes de la hora establecida del mediodía, recibieron el nombre de "sooners"

(tempraneros), de donde Oklahoma recibe su calificativo como el "Estado de los tempraneros".

El reptil del estado es el lagarto montañés. Estos lagartos son muy simpáticos, pero Marta no me deja que me lleve uno a casa.

POSTAL

Mario y Marta

**Capital del estado:
Oklahoma City**

Corrieron un rato y llegaron a un gran pozo petrolero,
donde la pelota danzaba muy en alto sobre el oro negro en el agujero.
El petróleo al fin salió en un chorro muy potente,
lanzando la pelota por los aires y por encima de la gente.

Por encima de Fort Worth le dio la vuelta a la Tierra,
aterrizando y rebotando contra una piedra.

¡"Howdy" compañero!
Texas es enorme. En realidad es el segundo estado más grande en los Estados Unidos. Aquí hay un montón de cosas que ver.

Hemos ido al Álamo, que fue una fortaleza famosa durante la guerra de 1836 contra México. También hemos visitado el Centro Espacial Johnson, en Houston.

El nombre de Texas viene de una palabra india que significa "amigos." Tengo un sombrero de vaquero nuevo, es muy grande y me cubre los ojos. Te vamos a traer uno a ti también.

Abrazos, Mario y Marta

POSTAL

Manolito Martínez
P.O. Box 19894
Portland, OR 97219

Capital del estado: Austin

AUSTIN

NASA

EL ÁLAMO

Es realmente sorprendente que no se desinflaba
al caer junto a los novillos que en el prado pastaban.

MAGNOLIA

LOUISIANA

PELÍCANO

LOUISIANA

Querido Manolito,

Esperamos que todo vaya bien en casa. Hoy hemos perseguido la pelota por Arkansas y Louisiana. Arkansas es el estado donde se encuentra la única mina de diamantes todavía activa en los Estados Unidos. La mina es una atracción turística cerca de Murfreesboro. Excavamos un buen rato, pero no hemos tenido suerte.

¿Sabías que Louisiana recibió su nombre en honor del rey francés Luis XIV? Hemos ido al cuarto francés en New Orleans, al Superdome y al Parque Nacional Histórico Chalmette.

Mario y Marta

Capital del estado: Baton Rouge, Louisiana
Capital del estado: Little Rock, Arkansas

ARKANSAS

SINSONTE

FLOR DE MANZANO

ARKANSAS STATE FLAG

Calle abajo, y en la esquina,
en Little Rock la perdieron.
De mal en peor en Arkansas,
pero en Mardi Gras, la vieron.

ARCO GATEWAY

CORREO A CABALLO

JEFFERSON CITY

LAGO TANEYCOMO

ESPINERA

AZULEJO

Querido Manolito,
Saludos desde Missouri.
¡No te imaginas todo lo que hay que ver en este estado!
St. Joseph era el punto de partida en el Este para el correo a caballo ("pony express"), e Independence era el punto de partida para la ruta de Santa Fe y la ruta de Oregon.
Missouri tiene 11 lagos principales, la casa donde

Mark Twain vivió de niño y la casa donde mataron al famoso forajido Jesse James. El nombre de Missouri viene de la tribu de indios Missouri, y significa "ciudad de las grandes canoas."

Mario y Marta

POSTAL

Capital del estado: Jefferson City

Hacia St. Louis sus pasos dirigieron,
y por debajo del Arco Gateway a la pelota persiguieron.
La pelota abandonó Missouri sin dejar huella,
en una gran canoa roja los niños remaron detrás de ella.

JILGUERO

ESCARAMUGO OLOROSO

Querido Manolito,

Hemos atravesado todo Iowa detrás de la pelota. El "Estado Hawkeye" está cubierto por miles de tierras de cultivo. Se produce avena, soya, maíz, crían cerdos, ovejas y vacas.

El nombre de Iowa viene de una palabra india que significa "la tierra hermosa." Hemos aprendido que el artista Grant Wood era de Iowa. Pintó el famoso cuadro llamado "American Gothic."

Cuídate mucho. Te veremos muy pronto.

POSTAL

Abrazos, Mario

Manolito Martínez
P.O. Box 19894
Portland, OR 97219

Capital del estado: Des Moines

Le siguieron el rastro sin poderla encontrar,
y el famoso cuadro de Grant Wood a penas pudieron admirar.

WISCONSIN

QUESO SUIZO

VIOLETA SILVESTRE

PETIRROJO

TEJÓN

QUESO CHEDDAR

QUESO JACK

MINNESOTA

SOMORGUJO

MINNESOTA

ST. PAUL

CHAPÍN DE VENUS ROSA Y BLANCO

WISCONSIN

Querido Manolito,
Bueno, casi alcanzamos la pelota en St. Paul, Minnesota, pero la perdimos otra vez cuando entramos en Wisconsin. El nombre Minnesota viene de la palabra de los indios Dakota que significa "agua teñida del color del cielo."

Wisconsin es el estado que más vacas lecheras tiene. El estado produce aproximadamente el 17% de toda la leche en la nación, y además es el principal productor de queso en el país.

¡Ojalá te pudiéramos traer un vaso de leche bien grandote para ti solito! ¡Esperamos verte pronto!

Abrazos, Mario y Marta

Capital del estado: Madison, Wisconsin
Capital del estado: St. Paul, Minnesota

Hasta cerca de St. Paul tuvieron que llegar,
seguros de que allí la iban a alcanzar.
Pero entre las vacas lecheras empezó a rebotar,
y se perdió entre el queso Jack, Suizo y Cheddar.

ILLINOIS

Querido Manolito,

Estamos aquí en el corazón de los Estados Unidos.

Illinois cultiva y distribuye más productos agrícolas que ningún otro estado. Hemos visto muchos monumentos dedicados a Abraham Lincoln en la región central del estado. La casa de Lincoln, su tumba y el restaurado antiguo Capitolio del estado, se encuentran en Springfield.

Hemos visitado Indiana, que significa "tierra de indios." El estado está a la cabeza de la nación en agricultura. En Indiana se produce maíz, soya, cerdos, trigo y avena.

Mario y Marta

Capital del estado: Indianapolis, Indiana
Capital del estado: Springfield, Illinois

VISITE
ILLINOIS

SPRINGFIELD

CARDENAL   VIOLETA

El corazón de la tierra
DE LINCOLN

INDIANA

CARDENAL

PEONÍA

Apenas vieron Chicago, pues la pelota los pasó,
y allí la persecución en gran carrera se convirtió.
Los niños apresurados, iban de acá para allá,
detrás de la pelota en un auto de carreras a gran velocidad.

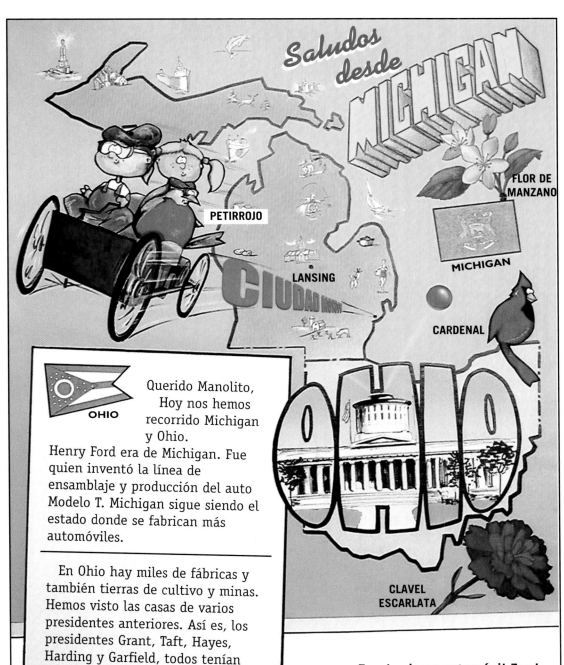

Saludos desde **MICHIGAN**

FLOR DE MANZANO

PETIRROJO

MICHIGAN

LANSING

CIUDAD MOTOR

CARDENAL

OHIO

Querido Manolito,
Hoy nos hemos recorrido Michigan y Ohio.
Henry Ford era de Michigan. Fue quien inventó la línea de ensamblaje y producción del auto Modelo T. Michigan sigue siendo el estado donde se fabrican más automóviles.

En Ohio hay miles de fábricas y también tierras de cultivo y minas. Hemos visto las casas de varios presidentes anteriores. Así es, los presidentes Grant, Taft, Hayes, Harding y Garfield, todos tenían casas en Ohio.

Mario y Marta

Capital del estado: Lansing, Michigan
Capital del estado: Columbus, Ohio

CLAVEL ESCARLATA

En el primer automóvil Ford
por Flint pasearon.
Ni rastro de la pelota,
estaban desconcertados.
En Cleveland y Canton
causaron mucha conmoción,
y al salir de Ohio, la pelota,
era apenas un manchón.

Se montaron en un caballo, un magnífico corcel,
y cuando salió corriendo del portón, se agarraron muy fuerte de él.
¡Ya da la última vuelta, por la recta final la pelota va!
Pero otra vez la pierden...y por una nariz ganará.

Querido Manolito,
Estamos en Nashville, la cuna de la música "country" y la capital del estado de Tennessee. Elvis, el rey del rock 'n' roll, hizo de Tennessee su hogar cuando construyó Graceland.

Hemos aprendido que Alabama produce textiles, caucho, productos químicos y plásticos. Aquí la gente piensa que el nombre Alabama puede venir de una palabra de los indios Chocktaw, que significa "cortadores de matorrales" o "recolectores de verduras."

Abrazos,
Mario y Marta

**Capital del estado:
Nashville, Tennessee
Capital del estado:
Montgomery, Alabama**

LIRIO

Moviendo el esqueleto desde

TENNESSEE

SINSONTE

VERDERÓN

ALABAMA

CAMELIA

BANDERA DEL
ESTADO DE
ALABAMA

**A las puertas de Graceland al Rey del Rock divisaron,
y para oírlo cantar un ratito, allí se pararon.
No se podían quedar, tenían que marcharse,
hacia Birmingham la pelota parecía escaparse.**

MISSISSIPPI

MAGNOLIA

SINSONTE

Querido Manolito,
    Aquí estamos, flotando río abajo en el río Mississippi, igualito que Tom Sawyer y Huckleberry Finn, los personajes de Mark Twain. Mississippi viene de una palabra india que significa "padre de las aguas."
    Durante más de cien años, el algodón fue el principal cultivo de Mississippi. Una gran parte de la economía del estado depende ahora de sus cosechas de soya.
    Mississippi es el productor más grande del mundo de bagres criados en piscifactorías. ¡Te traeremos uno para cenar, Manolito!

Mario y Marta

Capital del estado: Jackson

En el río Mississippi la pelota flotó sin meterse en más líos, hasta que se atascó en la paleta de uno de los barcos del río.

ROSA BLANCA TREPADORA

SINSONTE PARDO

GEORGIA

Saludos desde

Florida

TALLAHASSEE

FLOR DE ASAZHAR

JACKSONVILLE

TAMPA

MIAMI

SINSONTE

FLORIDA

Querido Manolito,
¡No te imaginas el calor que hace aquí en la Florida! Millones de turistas de todo el mundo vienen aquí todos los años. Vienen a ver Miami Beach, el Centro espacial Kennedy de NASA, el Parque nacional Everglades y el Centro Epcot. Florida viene del español y significa "fiesta de las flores." También hemos pasado algún tiempo en Georgia. ¿Sabías que

GEORGIA

Georgia produce el doble de maní (cacahuates) que el segundo estado productor de maní (cacahuates)?

Marta se trató de comer un bocadillo de mantequilla de maní (cacahuates) con melocotón. ¡Qué asco!

Mario y Marta

Capital del estado: Atlanta, Georgia
Capital del estado: Tallahassee, Florida

Por los campos de algodón y por los Everglades, al sur iba la pelota,
y entre las fauces de un cocodrilo, de arriba a abajo rebota.

Saludos desde NORTH CAROLINA

CARDENAL

CEREZO SILVESTRE

NORTH CAROLINA

Saludos desde SOUTH CAROLINA

JAZMÍN AMARILLO DE CAROLINA

REYEZUELO

SOUTH CAROLINA

Querido Manolito,
North Carolina es el primer productor de la nación de ladrillos, muebles y textiles. El estado tiene además una industria turística muy importante.

North Carolina y South Carolina se llaman así en honor al rey Carlos I de Inglaterra.

La economía de South Carolina dependía principalmente de sus tierras de cultivo, pero ahora, la industria forestal es importante y las industrias manufactureras son la parte más rentable de la economía.

Te escribiremos otra vez muy pronto.

Abrazos, Mario y Marta

Capital del estado:
Columbia, South Carolina
Capital del estado:
Raleigh, North Carolina

En busca de Kitty Hawk por Durham pasaron zigzagueando,
y decidieron volar en vez de seguir caminando.
Los hermanos Wright una lección les enseñaron,
se subieron al avión y todos juntos despegaron.

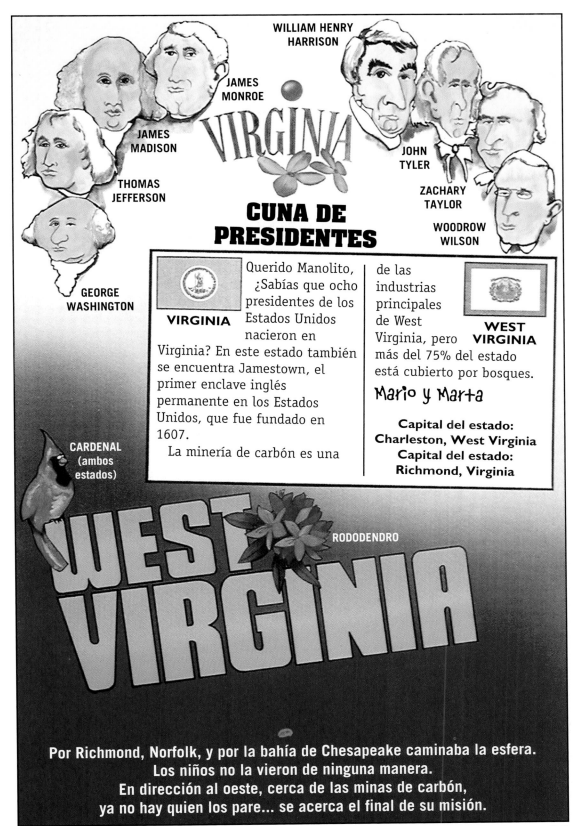

WILLIAM HENRY HARRISON

JAMES MONROE

JAMES MADISON

VIRGINIA

JOHN TYLER

THOMAS JEFFERSON

ZACHARY TAYLOR

CUNA DE PRESIDENTES

WOODROW WILSON

GEORGE WASHINGTON

VIRGINIA

Querido Manolito,
¿Sabías que ocho presidentes de los Estados Unidos nacieron en Virginia? En este estado también se encuentra Jamestown, el primer enclave inglés permanente en los Estados Unidos, que fue fundado en 1607.

La minería de carbón es una de las industrias principales de West Virginia, pero más del 75% del estado está cubierto por bosques.

Mario y Marta

WEST VIRGINIA

Capital del estado:
Charleston, West Virginia
Capital del estado:
Richmond, Virginia

CARDENAL
(ambos estados)

WEST VIRGINIA

RODODENDRO

Por Richmond, Norfolk, y por la bahía de Chesapeake caminaba la esfera.
Los niños no la vieron de ninguna manera.
En dirección al oeste, cerca de las minas de carbón,
ya no hay quien los pare... se acerca el final de su misión.

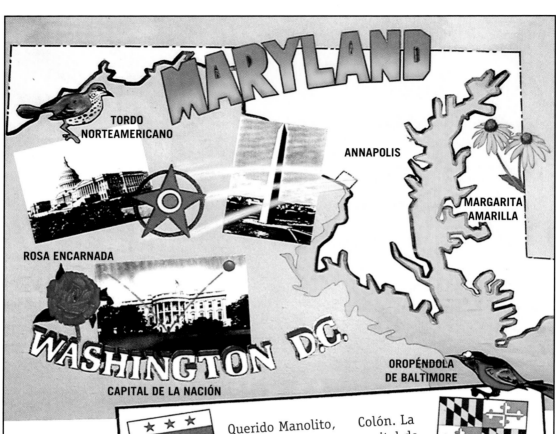

MARYLAND

TORDO
NORTEAMERICANO

ANNAPOLIS

MARGARITA
AMARILLA

ROSA ENCARNADA

WASHINGTON D.C.

CAPITAL DE LA NACIÓN

OROPÉNDOLA
DE BALTIMORE

WASHINGTON DC.

Querido Manolito,
Acabamos de
visitar Maryland y
Washington, D.C.

Maryland tiene una de las zonas
costeras más extensas del país.
Los pescadores, a lo largo de su
bahía, pescan cantidades
extraordinarias de ostras,
cangrejos, almejas y pescado.

Washington, D.C. (la abreviatura
de Distrito de Columbia) recibió su
nombre en honor a Cristóbal

Colón. La
capital de
la nación
cuenta
también con la Casa Blanca,
los monumentos a
Washington, Lincoln y
Jefferson, las oficinas del
gobierno y numerosos
museos.

Abrazos, Mario

MARYLAND

Capital del estado: Annapolis

Pero les falló la suerte y sentados se echaron a llorar,
pero de repente dieron un brinco y empezaron a gritar.
"¡Allí va! ¿Viste cómo entró a la Casa Blanca rebotando?"
¡Va hacia el norte...hacia Baltimore se va encaminando!

BONASA AMERICANA

CAMPANA DE LA LIBERTAD

PENNSYLVANIA

CALMIA

POSTAL

Querido Manolito,

Atrapar la pelota no es tan fácil como parece. Ahora nos lleva hasta New Jersey y Pennsylvania.

Se conoce a New Jersey como la encrucijada del este, porque se pueden enviar productos desde sus fábricas a 12 estados para su entrega al día siguiente.

El turismo también es una industria importante para la economía de New Jersey.

Pennsylvania desempeña un papel importante en la historia de nuestro país. La Declaración de Independencia se firmó en Philadelphia en 1776 y la Constitución de los Estados Unidos se escribió allí en 1787.

Abrazos, Mario y Marta

NEW JERSEY

Saludos desde

VIOLETA

JILGUERO

Capital del estado: Harrisburg, Pennsylvania
Capital del estado: Trenton, New Jersey

Rebotando en la famosa campana, que tiene una grieta y está quebrada, cruzó hacia New Jersey, cerca de Hackensack, la pelota tan viajada.

Saludos desde RHODE ISLAND

VIOLETA

FESTIVAL DE JAZZ DE NEWPORT

GALLO ROJO DE RHODE ISLAND

Querido Manolito,

Las fábricas de Connecticut elaboran todo tipo de productos, desde máquinas de coser hasta submarinos.

Hemos visitado Hartford, lugar donde se publica el Courant, que es el periódico más antiguo que todavía se publica en los Estados Unidos. El Courant fue establecido en 1764.

Rhode Island es el estado más pequeño de la nación, pero es hogar para mucha gente y diversas industrias. Uno de los negocios más importantes es la fabricación de joyas.

Abrazos, Mario y Marta

Capital del estado:
Providence, Rhode Island
Capital del estado:
Hartford, Connecticut

Saludos desde CONNECTICUT

PETIRROJO

MONUMENTO A LOS DEFENSORES

Corrieron por Rhode Island, se lanzaron a correr con gran presteza,
con el propio Mario Martínez a la cabeza.
Pensaron que ya la alcanzaban, ¡qué sorpresa se llevaron!
En el cielo gris de Hartford los niños no la encontraron.

Querido Manolito,

Estamos en una de las ciudades más grandes del mundo. Manolito, ¿sabías que New York City fue la capital de la nación durante un periodo breve de tiempo y que nuestro primer presidente, George Washington, fue inaugurado aquí en 1789?

New York City es el centro de industria manufacturero más grande de los Estados Unidos y es muy famosa por su industria de la moda. El estado también tiene fama por su interés turístico, con lugares como la Estatua de la Libertad, las Montañas Adirondak, las Cataratas del Niágara y la Academia Militar de los EE.UU., en West Point.

POSTAL

Mario

Capital del estado: Albany

Desde la Estatua de la Libertad los niños veían Broadway, Madison y la Quinta Avenida. Por todas partes buscaron, y no tardaron mucho en ver, que King Kong tenía la pelota y no la dejaría caer.

40

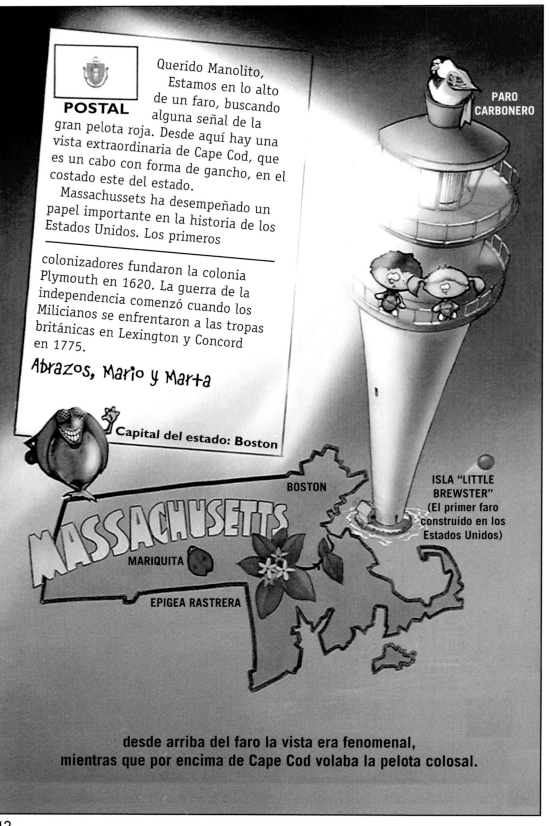

POSTAL

Querido Manolito,
    Estamos en lo alto de un faro, buscando alguna señal de la gran pelota roja. Desde aquí hay una vista extraordinaria de Cape Cod, que es un cabo con forma de gancho, en el costado este del estado.
    Massachussets ha desempeñado un papel importante en la historia de los Estados Unidos. Los primeros

colonizadores fundaron la colonia Plymouth en 1620. La guerra de la independencia comenzó cuando los Milicianos se enfrentaron a las tropas británicas en Lexington y Concord en 1775.

Abrazos, Mario y Marta

Capital del estado: Boston

PARO CARBONERO

BOSTON

ISLA "LITTLE BREWSTER" (El primer faro construido en los Estados Unidos)

MASSACHUSETTS

MARIQUITA

EPIGEA RASTRERA

desde arriba del faro la vista era fenomenal,
mientras que por encima de Cape Cod volaba la pelota colosal.

Querido Manolito,
Saludos desde Vermont y New Hampshire. Esta pelota nos está haciendo sudar tinta.

De las 13 colonias originales, New Hampshire fue la primera en declarar su independencia de Gran Bretaña. Aunque Vermont no fue una de la 13 originales, fue el primer estado en unirse a la Unión después de las 13 colonias. El almíbar de arce es uno de los productos más famosos de Vermont. Estaremos en casa tan pronto como hayamos esquiado un poco y atrapemos la dichosa pelota roja.

Abrazos, Mario

NEW HAMPSHIRE

Capital del estado: Montpelier, Vermont
Capital del estado: Concord, New Hampshire

Saludos desde **VERMONT** y **NEW HAMPSHIRE**

TRÉBOL ROJO

PINZÓN MORADO

TORDO NORTEAMERCANO

LILA MORADA

Las hojas rojas, anaranjadas y amarillas,
brillaban sobre sus cabezas con colores de maravilla.
Los niños pasaron junto a un arce de almíbar,
y se dirigieron hacia el mar azul brillante como el día.

PARA CARBONERO

PINO BLANCO

Querido Manolito,
Aquí estamos en Maine. Maine es un estado muy bonito que se ha convertido en un lugar popular para las vacaciones. Los turistas vienen a ver sus pintorescas playas, lagos, ríos y montañas.
Manolito, esto te encantaría. Maine proporciona al mundo 100 millones de latas de sardinas, y la mayor parte de las langostas que se recogen en la nación proceden de la costa de Maine. Nos vamos de pesca.

Mario y Marta

POSTAL

Capital del estado: Augusta

Sentados en el embarcadero, hablando con una langosta,
vieron que se acercaba rebotando la pelota muy cerca de la costa.
Junto a las arenas de Portland, rebotando muy alto y muy fuerte,
por última vez rebotó y en las manos de Marta cayó, ¡Finalmente!

De regreso en su casa, en otro día radiante y con mucho sol,
los niños salieron con la pelota nuevamente a jugar fútbol.
Pero Marta la pateó muy alto y muy fuerte.
Mario trató de agarrarla, otra vez, sin mucha suerte.
Ay ay ay...

Datos Sobre los Estados

Alabama
Capital: Montgomery
Apodo Estatal: El corazón de Dixie
Fecha de ingreso: Dec. 14, 1819 (22)
Baile del estado: Square dance

Alaska
Capital: Juneau
Calificativo: La última frontera
Fecha de ingreso: Jan. 3, 1959 (49)
Fósil del estado: Mamut peludo

Arizona
Capital: Phoenix
Apodo estatal: Estado del Gran Cañón
Fecha de ingreso: Feb. 14, 1912 (48)
Reptil del estado: Serpiente de cascabel de Arizona

Arkansas
Capital: Little Rock
Apodo estatal: Tierra de la oportunidad
Fecha de ingreso: June 15, 1836 (25)
Insecto del estado: Abeja melífera

California
Capital: Sacramento
Apodo estatal: El estado dorado
Fecha de ingreso: Sept. 9, 1850 (31)
Animal del estado: Oso gris de California

Colorado
Capital: Denver
Apodo estatal: El estado del centenario
Fecha de ingreso: Aug. 1, 1876 (38)
Fósil del estado: Estegosaurio

Connecticut
Capital: Hartford
Apodo estatal: El estado de la nuez moscada
Fecha de ingreso: Jan. 9, 1788 (5)
Canción del estado: "Yankee Doodle"

Delaware
Capital: Dover
Apodo estatal: El estado del diamante; El primer estado
Fecha de ingreso: Dec. 7, 1787 (1)
Insecto del estado: Mariquita

Florida
Capital: Tallahassee
Apodo estatal: El estado soleado
Fecha de ingreso: March 3, 1845 (27)
Canción del estado: "Suwannee River"

Georgia
Capital: Atlanta
Apodo estatal: El estado melocotonero
Fecha de ingreso: Jan. 2, 1788 (4)
Canción del estado: "Georgia on My Mind"

Hawaii
Capital: Honolulu
Apodo estatal: El estado de Aloha
Fecha de ingreso: Aug. 21, 1959 (50)
Árbol del estado: Kukui (árbol de la cera)

Idaho
Capital: Boise
Apodo estatals: El estado de las gemas;
El estado de las papas
Fecha de ingreso: July 3, 1890 (43)
Caballo del estado: Appaloosa

Illinois
Capital: Springfield
Apodo estatal: El estado de las praderas
Fecha de ingreso: Dec. 3, 1818 (21)
Pez del estado: Pez luna

Indiana
Capital: Indianapolis
Apodo estatal: El estado Hoosier
Fecha de ingreso: Dec. 11, 1816 (19)
Árbol del estado: Tulipero

Iowa
Capital: Des Moines
Apodo estatal: El estado de Hawkeye
Fecha de ingreso: Dec. 28, 1846 (29)
Canción del estado: "Song of Iowa"

Kansas
Capital: Topeka
Apodo estatal: El estado del girasol
Fecha de ingreso: Jan. 29, 1861 (34)
Canción del estado: "Home on the Range"

Kentucky
Capital: Frankfort
Apodo estatal: El estado del Bluegrass
Fecha de ingreso: June 1, 1792 (15)
Árbol del estado: Cafeto

Louisiana
Capital: Baton Rouge
Apodo estatal: El estado del pelícano; El estado criollo
Fecha de ingreso: April 30, 1812 (18)
Canción del estado: "Give Me Louisiana"

Maine
Capital: Augusta
Apodo estatal: El estado del pino
Fecha de ingreso: March 15, 1820 (23)
Pez del estado: Salmón de agua dulce

Maryland
Capital: Annapolis
Apodo estatal: El estado libre; El estado tradicional
Fecha de ingreso: April 28, 1788 (7)
Crustáceo del estado: Cangrejo azul de Maryland

Massachusetts
Capital: Boston
Apodo estatal: El estado de la bahía; La vieja colonia
Fecha de ingreso: Feb. 6, 1788 (6)
Bebida del estado: Jugo de arándano

Michigan
Capital: Lansing
Apodo estatal: Estado del glotón
Fecha de ingreso: Jan. 26, 1837 (26)
Piedra del estado: Piedra de Petoskey

Minnesota
Capital: St. Paul
Apodo estatal: El estado de la estrella del norte;
La tierra de los 10,000 lagos
Fecha de ingreso: May 11, 1858 (32)
Hongo del estado: Solano negro

Mississippi
Capital: Jackson
Apodo estatal: El estado de la magnolia
Fecha de ingreso: Dec. 10, 1817 (20)
Mamífero acuático del estado: Delfín con nariz en forma de botella

Missouri
Capital: Jefferson City
Apodo estatal: El estado de "Muéstrame"
Fecha de ingreso: Aug. 10, 1821 (24)
Instrumento musical del estado: Violín

Montana
Capital: Helena
Apodo estatal: El estado del tesoro
Fecha de ingreso: Nov. 8, 1889 (41)
Piedras del estado: Zafiro y ágata

Nebraska
Capital: Lincoln
Apodo estatal: Estado del descascarillador de maíz
Fecha de ingreso: March 1, 1867 (37)
Animal del estado: Ciervo de cola blanca

Nevada
Capital: Carson City
Apodo estatal: Estado de la artemisa; El estado plateado
Fecha de ingreso: Oct. 31, 1864 (36)
Pasto del estado: Arrocillo indio

New Hampshire
Capital: Concord
Apodo estatal: El estado del granito
Fecha de ingreso: June 21, 1788 (9)
Árbol del estado: Abedul blanco

New Jersey
Capital: Trenton
Apodo estatal: El estado ajardinado
Fecha de ingreso: Dec. 18, 1787 (3)
Animal del estado: Caballo

New Mexico
Capital: Santa Fe
Apodo estatal: La tierra del encanto
Fecha de ingreso: Jan. 6, 1912 (47)
Insecto del estado: Avispa depredadora de tarántulas

New York
Capital: Albany
Apodo estatal: El estado imperial
Fecha de ingreso: July 26, 1788 (11)
Insecto del estado: Mariquita

North Carolina
Capital: Raleigh
Apodo estatal: El estado del talón de brea
Fecha de ingreso: Nov. 21, 1789 (12)
Bebida del estado: Leche

North Dakota
Capital: Bismarck
Apodo estatals: El estado Sioux; El estado del jardín de la paz
Fecha de ingreso: Nov. 2, 1889 (39)
Canción del estado: Himno de North Dakota

Ohio
Capital: Columbus
Apodo estatal: El estado del castaño de Indias
Fecha de ingreso: March 1, 1803 (17)
Bebida del estado: Jugo de tomate

Oklahoma
Capital: Oklahoma City
Apodo estatal: El estado tempranero
Fecha de ingreso: Nov. 16, 1907 (46)
Flor del estado: Muérdago

Oregon
Capital: Salem
Apodo estatal: El estado del castor
Fecha de ingreso: Feb. 14, 1859 (33)
Animal del estado: Castor

Pennsylvania
Capital: Harrisburg
Apodo estatal: El estado de la piedra angular
Fecha de ingreso: Dec. 12, 1787 (2)
Perro del estado: Gran danés

Rhode Island
Capital: Providence
Apodo estatal: El estado oceánico
Fecha de ingreso: May 29, 1790 (13)
Árbol del estado: Arce rojo

South Carolina
Capital: Columbia
Apodo estatal: Estado del palmito
Fecha de ingreso: May 23, 1788 (8)
Árbol del estado: Palmito

South Dakota
Capital: Pierre
Apodo estatals: El estado soleado; El estado del coyote
Fecha de ingreso: Nov. 2, 1889 (40)
Animal del estado: Coyote

Tennessee
Capital: Nashville
Apodo estatal: El estado del voluntariado
Fecha de ingreso: June 1, 1796 (16)
Caballo del estado: Caballo de Tennessee

Texas
Capital: Austin
Apodo estatal: El estado de la estrella solitaria
Fecha de ingreso: Dec. 29, 1845 (28)
Pez del estado: Róbalo del Guadalupe

Utah
Capital: Salt Lake City
Apodo estatal: El estado de la colmena
Fecha de ingreso: Jan. 4, 1896 (45)
Emblema del estado: Colmena

Vermont
Capital: Montpelier
Apodo estatal: El estado montañoso verde
Fecha de ingreso: March 4, 1791 (14)
Árbol del estado: Arce de azúcar

Virginia
Capital: Richmond
Apodo estatals: El viejo dominio; La cuna de los presidentes
Fecha de ingreso: June 25, 1788 (10)
Concha del estado: Concha de la ostra

Washington
Capital: Olympia
Apodo estatals: El estado siempre verde;
El estado de los Chinook
Fecha de ingreso: Nov. 11, 1889 (42)
Pez del estado: Trucha arco iris

West Virginia
Capital: Charleston
Apodo estatal: El estado montañoso
Fecha de ingreso: June 20, 1863 (35)
Animal del estado: Oso negro

Wisconsin
Capital: Madison
Apodo estatal: El estado del tejón
Fecha de ingreso: May 29, 1848 (30)
Animal doméstico del estado: Vaca lechera

Wyoming
Capital: Cheyenne
Apodo estatal: El estado de la igualdad
Fecha de ingreso: July 10, 1890 (44)
Gema del estado: Jade

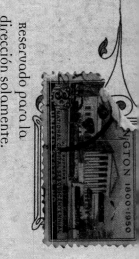

Acerca de los autores

A Ray Nelson le encanta viajar.
Ha viajado por tres estados completos—
Oregon, Washington, California—y
Canadá. Durante sus extensos viajes,
recogió a un autoestopista barbudo y
pequeñajo que se llama Douglas Kelly.

Hoy, Ray y Doug escriben e ilustran
libros infantiles en Portland, Oregon.
Ray vive en una mansión lujosa,
mientras que Doug vive en una higuera
pequeña que hay en el patio delantero
de Ray. A Ray le gusta jugar al
baloncesto, comer "twinkies" y pasar
tiempo con su esposa y sus hijos.
A Doug le gusta jugar al golf y
comer higos.

Ray y Doug esperan poder viajar algún
día a lugares exóticos como Des Moines
y Peoria.

Nuestro especial agradecimiento a...
Janet Lockwood, Kelly Kuntz, Mike and
Holly McLane, Julie Mohr, Ben Adams,
Chris Nelson, Michelle Roehm, Jerry Sayer,
Joseph Siegel, y Deborah Beilman